Inhalt

User Generated Marketing - Prosumenten wollen mitreden und agieren

Kernthesen

Beitrag

Fallbeispiele

Weiterführende Literatur

Impressum

User Generated Marketing - Prosumenten wollen mitreden und agieren

E. Krug

Kernthesen

- Ein neues Marketingzeitalter ist angebrochen, bei dem die Konsumenten teilweise selbst die Markenführung übernehmen. (1)
- Der Prosument will nicht nur konsumieren, sondern auch bei der Vermarktung und beim Verkauf mitmischen. (2), (3)
- Auch in Zukunft bleibt der Prosument in erster Linie ein Konsument, der vor allem eines möchte, nämlich konsumieren. (3)

Beitrag

Der Konsument von heute will nicht mehr nur kaufen, er will mitreden und selbst handeln. Das Sender-Empfänger-Modell im Marketing funktioniert nicht mehr so einfach und Konsumenten werden zu Prosumenten. Es handelt sich dabei um eine Mischform aus Produzenten und Konsumenten. Der neue Trend hat viele Namen wie z.B. User Generated Marketing, Consumer Generated Marketing, Conversational Marketing Age, um nur einige zu nennen. Am häufigsten wird allerdings von User Generated Marketing gesprochen. (1), (4)

Das Konsumentenverhalten hat sich verändert

Über die Jahre hinweg hat sich das Verhalten von diversen Verbrauchern eindeutig und fast zwingend durch die Medienvielfalt und vor allem durch die Digitalisierung der Medienumfelder verwandelt. (1), (4)
In der Branche spricht man teilweise von einer Veränderung des Verhaltens auf drei Ebenen: Involvement, Networking, Selbstexpression.
So will sich der Konsument auf der Ebene

Involvement selbst einbringen und mitmachen, indem er z.B. bei Wikipedia sein Know-how kostenlos weiter gibt. Networking bedeutet, dass frühere Gemeinschaften, wie z.B. Vereine, von Internet-Sinnesgemeinschaften abgelöst werden. Wenn, wie inzwischen sehr populär, Internet-User auf einer Plattform wie YouTube ihr privates Leben darstellen, dann spricht man hier von Selbstexpression. (1), (4) So verwandelt sich der Konsument langsam zum Prosumenten.

Die Veränderungen kennzeichnen einen neuen Weg

Die veränderten Rahmenbedingungen haben Auswirkungen auf den Umgang mit Marken. Es entsteht eine ganz neue Form des Marketings: User Generated Marketing, Vermarktung durch den Konsumenten. Der Prosument übernimmt teilweise die Markenführung, indem er nicht mehr ausschließlich die Inhalte anderer konsumiert, sondern selbst Inhalte produziert und z.B. im Internet durch Blogs und Weblogs veröffentlicht oder eigene Videos hochlädt. Er vermarktet, kreiert seine eigene Werbung und zum Teil verkauft er auch selbst, z.B. über ebay. Dieser Trend wird von Schlagwörtern begleitet, wie Co-Creation, Teilhaberschaft, User-

Generated-Content, Self-Publisher, Consumer-Made, Autorenkultur und noch einigen mehr. (2), (3), (4), (5), (7)
Immer mehr Firmen unterstützten mittlerweile User Generated Marketing, vor allem in den USA. Aber auch in Deutschland sind Prosumenten auf dem Vormarsch, wenn auch etwas zaghafter. So könnte man z.B. Web 2.0 hierzulande in erster Linie noch als Jugendbewegung bezeichnen. (vgl. Cases) (4), (8), (9), (6)

Der neue Weg hat durchaus Vorteile

Nicht zuletzt deshalb, weil viele Verbraucher in den letzten Jahren zunehmend unzufrieden mit vorgefertigten Angeboten waren und davon ausgehen, es selbst besser zu können, setzen sie immer häufiger ihre eigenen Ideen und Vorschläge in die Tat um. Es entsteht hier ein Markt, der genügend Möglichkeiten für Improvisation und Experimente lässt und ohne detailliert ausgeklügelte Strategien und Analysen auskommt. Mit einer bislang unbekannten Dynamik und Heftigkeit entstehen hier neue Formate und Angebote. (4)
Diese Erscheinungen dienen zweifelsohne als neue Impulse für die Kommunikationsbranche, was

durchaus von Vorteil ist. Hinzu kommt, dass Inhalte, die von Nutzern erstellt werden äußerst glaubwürdig und authentisch wirken. Zudem ist die Bindung der Kunden an eine Marke in diesen Fällen ziemlich hoch, da sie sich aufs intensivste mit dieser Marke beschäftigen, wenn sie aktiv an der Vermarktung teilnehmen. Außerdem gibt es den angenehmen Nebeneffekt, dass diese Art von Marketing, nämlich den Konsumenten die Arbeit zu überlassen, relativ kostengünstig ist. (1), (3), (8)

Die Vorteile werden nicht kritiklos akzeptiert

Aber wie immer hat auch in diesem Fall alles seine zwei Seiten. So spricht man auf Seiten der Zweifler und Kritiker davon, dass es sich bei User Generated Marketing wohl eher um einen kurzfristigen PR-Gag handle, als um eine ernstzunehmende Marketingalternative. Der Konsument als Werbetexter erscheint ihnen doch etwas zu gewagt und zu dilettantisch. Längerfristig gesehen werden die Aktivitäten der Prosumenten den Werbungtreibenden nicht genügen. Nur durch Zufall werde es hin und wieder Ideen, Texte oder Videos von Laien geben, die man mit der Arbeit professioneller Agenturen vergleichen könne.

Zudem könnten es sich nur starke Marken erlauben, sich von Konsumenten vermarkten zu lassen, für schwache Marken sei das Risiko zu hoch, sich darauf zu verlassen.

Ein weiterer Kritikpunkt ist, dass Prosumenten nur bei wirklich interessanten Marken und Produkten Interesse zeigen würden und aktiv am Marketing mitwirken wollten. Die anderen Marken blieben somit relativ schnell auf der Strecke.

Außerdem gibt es noch keine Regeln, wie man mit der neuen Macht der Verbraucher umgehen soll, also ist durchaus Vorsicht geboten. (1), (3), (8)

Fallbeispiele

Beispiele für User Generated Marketing

Doritos, Chevrolet, NFL (National Football League)Die momentan wohl am meist diskutierten Werbespots sind die von Konsumenten gestalteten Commercials beim diesjährigen Finale der amerikanischen Profi-Football-Liga, dem Super Bowl.

Die drei Unternehmen nutzten die extrem teuer erkauften Werbezeiten für Spots, die ihre Kunden kreiert hatten. (1), (3), (8)

BMW-Tochter Mini
Mini hat vor einem Jahr zur Einführung des Mini Seven, Mini Park Lane und Mini Checkmate einen Werbeclip-Contest auf ihrer Website veranstaltet.
Es wurden über 300 Spots produziert. (1)

Lego
User können mithilfe einer Software ihre eigene Lego-Welt im Internet aufbauen. Der Hersteller liefert dann die passenden individuell angefertigten Steine nach Hause. (1)

Dove
Unilever lud in den USA die Kunden dazu ein, einen 30-Sekunden-Spot zur Einführung der Dove Cream Oil Body Wash-Produkte zu entwickeln.
Es gingen 700 Beiträge auf der Website ein. (1)

Big FM
Der größte private deutsche Jugend-Radiosender rief 2006 zum Big Video Contest auf.
Man musste zu bereitgestellten MP3-Musikdateien die passenden Videos drehen.
Die besten konnte man dann auf dem Musiksender MTV bewundern. (1)

Beispiel für Studien

Jugendtrendstudie Timescout Die neue Ausgabe von Timescout beleuchtet neue Entwicklungen in Bezug auf die Web 2.0-Bewegung im Leben junger Konsumenten.
Web 2.0 ist ein Kunstwort, das von einem Marketing-Experten kreiert wurde. Der Begriff umschreibt das neue Mitmach-Internet.
70 Prozent der 11- bis 29-Jährigen kennen die Plattformen YouTube und MySpace.
50 Prozent von ihnen nutzen YouTube.
30 Prozent von ihnen nutzen MySpace.
50 Prozent von ihnen suchen gezielt im Web nach guten Spots, die sie sammeln und an Freunde weiter versenden.
Die Altersgruppe der 30- bis 39-Jährigen, die erstmalig in der Studie auch untersucht wurde, ist vom neuen Web 2.0 noch relativ wenig berührt. (5), (9)

Weiterführende Literatur

(1) Richter, K., Weber, M., Du bist die Marke, werben & verkaufen, Nr. 07, 15.02.2007, S. 14
aus werben & verkaufen Nr. 07 vom 15.02.2007 Seite 014

(2) O.V., 3,2,1, deins Konsumenten und

"Prosumenten", Bonner General-Anzeiger, 01.06.2006, S. 12
aus werben & verkaufen Nr. 07 vom 15.02.2007 Seite 014

(3) Die Kunden werden sich nicht ändern
aus HORIZONT 04 vom 25.01.2007 Seite 016

(4) MITREDEN UND MITMACHEN
aus ProFirma, Vol. 10, Heft 02/2007, S. 74

(5) Kommentar Web 2.0: Internet-Euphorie erreicht neuen Höhepunkt
aus MAINPOST Ausgabe vom 08.12.2006

(6) Der Prosument kommt Die Hälfte der YouTube-Nutzer ist jünger als 20 Jahre, und US-Konzerne investieren in großem Stil in IPTV als Markt der Zukunft
aus Frankfurter Rundschau v. 26.09.2006, S.18

(7) Deese, Teut, Bei MySpace ist jeder ein Star, Badische Zeitung, 26.01.2007
aus Frankfurter Rundschau v. 26.09.2006, S.18

(8) Fine, Jon, What Makes Citizen Ads' Work, Business Week, Nr. 4022, 19.02.2007, S. 27
aus Frankfurter Rundschau v. 26.09.2006, S.18

(9) STUDIE: Web 2.0 wird Massenphänomen
aus Medienbote, Ausgabe 612/2007, Vol. 4, S. 4

(10) Kreation des Tages

aus W&V Online-Magazin vom 05.01.2007

Impressum

User Generated Marketing - Prosumenten wollen mitreden und agieren

Bibliografische Information der deutschen Nationalbibliothek

Die Deutsche Nationalbibliothek verzeichnet diese Publikation in der deutschen Nationalbibliografie; detaillierte bibliografische Daten sind im Internet über http://dnb.d-nb.de abrufbar.

ISBN: 978-3-7379-0737-8

© 2015 GBI-Genios Deutsche Wirtschaftsdatenbank GmbH, Freischützstraße 96, 81927 München, www.genios.de

Alle Rechte vorbehalten. Dieses Werk ist einschließlich aller seiner Teile – z.B. Texte, Tabellen und Grafiken - urheberrechtlich geschützt. Jede Verwertung außerhalb der Grenzen des Urheberrechtsgesetzes bedarf der vorherigen Zustimmung des Verlags. Dies gilt insbesondere auch für auszugsweise Nachdrucke, fotomechanische

Vervielfältigungen (Fotokopie/Mikroskopie), Übersetzungen, Auswertungen durch Datenbanken oder ähnliche Einrichtungen und die Einspeicherung und Verarbeitung in elektronischen Systemen.